A M. VILLEMAIN,

LETTRE SUR LES CONCOURS DE L'ACADÉMIE FRANÇAISE.

LA GUERRE D'ORIENT.

SOUVENIR DE BÉRANGER.

Par **Hippolyte** (de Charlemagne).

PARIS,

CHEZ LES PRINCIPAUX LIBRAIRES.

LA GUERRE D'ORIENT.

MEAUX. — IMPRIMERIE A. CARRO.

A M. VILLEMAIN,

LETTRE SUR LES CONCOURS DE L'ACADÉMIE FRANÇAISE.

LA GUERRE D'ORIENT,

SOUVENIR DE BÉRANGER,

Par **Hippolyte** (de Charlemagne).

PARIS,

CHEZ LES PRINCIPAUX LIBRAIRES.

1856

A M. VILLEMAIN,

SECRÉTAIRE PERPÉTUEL DE L'ACADÉMIE FRANÇAISE.

—◦◦—

Monsieur,

Je voudrais dire deux mots à l'Académie Française, relativement à ses concours en général, et en particulier à celui de la *Guerre d'Orient*, mais comment m'y prendre ? L'Académie n'est pas visible souvent, et quand cela lui arrive, c'est en public. Or, ces jours-là, elle est tellement occupée, qu'il n'y en a que pour elle à parler, et que si, du milieu de l'auditoire, quelqu'un se levait, demandant à formuler quelque observation, je n'ose croire qu'il fût favorablement accueilli : l'Académie, dans ses assisès littéraires, jugeant et ne discutant pas.

Me voici donc bien empêché. Et pourtant ce que je voudrais dire à l'Académie n'est pas tellement dénué de raison qu'il ne puisse servir dans les futurs concours et aux juges et aux jugés. C'est du moins mon avis; dirai-je mon espoir? Oui, car je voudrais du fond du cœur que mon idée pût être utile à la littérature en donnant au vrai talent un moyen plus certain de se faire reconnaître, et à l'Académie elle-même celui de le discerner plus aisément.

Vous voyez, Monsieur, que la chose vaut

la peine qu'on l'examine, et vous en serez d'autant plus convaincu que vous connaîtrez mieux mes sentiments à l'égard de l'Académie Française : les voici : — Par sa composition d'hommes d'un talent éminent pour le plus grand nombre, et de quelques autres moins transcendants, peut-être, de ce côté, mais possédant des qualités qui leur sont propres, l'Académie mérite certainement à tous égards que l'on respecte ses travaux et que l'on accueille avec déférence ses décisions. C'est une mère qui a bien, par-ci, par-là, quelques petites faiblesses pour certains enfants gâtés, mais qu'on ne peut s'empêcher d'aimer, et dont on serait toujours heureux et fier d'obtenir les tendres caresses.

C'est dans ce sentiment que je tiendrais à lui exposer ma pensée sur la manière dont ses concours sont organisés et devraient l'être, et, ne pouvant lui parler personnellement, je prends le parti de vous écrire à vous qui êtes, dans les grandes occasions, son brillant interprète, et qui saurez bien trouver le moment opportun de lui faire part de mes idées à ce sujet. Seulement, pour vous épargner la peine de déchiffrer mon écriture, peu moulée, j'emprunte le secours d'un ami typographe, les journaux de Paris étant en général de trop grands seigneurs pour accueillir la correspondance d'un poète qui, pour eux, est encore à l'état de paria littéraire. Pour vous qui, dans le temps, avez obligeamment souri aux essais du garçon de classe de Charlemagne, je ne doute pas que vous ne vous chargiez avec bienveillance de sa commission auprès de l'Académie.

C'est avec cette confiance que j'entre en matière.

Le 30 mars 1857, je le confesse humblement, j'ai envoyé une pièce de vers au concours de l'Académie Française, sur la guerre d'Orient.

J'avais suivi du cœur, avec ivresse, avec anxiété, comme tout citoyen ami de l'honneur de son pays, cette série d'évènements ennoblis par tant de traits héroïques et touchants. Aussi à l'appel fait par l'Académie, avais-je tressailli de bonheur. Je me disais, il est vrai, que 300 vers c'était bien peu pour un sujet qui eût demandé une Iliade entière. Je pensais à la foule des rivaux qui allaient se presser dans l'arène, mais aussi je me rappelais que vous-même m'aviez un jour engagé à me présenter dans vos concours. D'un autre côté je réfléchissais que tous les concurrents n'étaient pas des Corneille, des Racine, pas même des Laharpe, ce qu'atteste d'ailleurs la plupart des pièces couronnées, qui, vous le savez mieux que personne, ne sont pas toutes des chefs-d'œuvre. Puis, je me disais aussi que dans ce concours, il ne s'agissait pas de faire preuve seulement de dextérité sur la corde raide du style, et me rendant cette justice qu'aucun du moins de vos concurrents ne l'emporterait sur moi pour la pureté et la vivacité des sentiments inhérents au sujet, j'espérai du moins une mention. Envisageant donc d'un côté l'exiguité du cadre imposé, et de l'autre l'immensité de l'idée, je me dis, que, ne pouvant développer toutes les parties de son ensemble imposant, j'en devais du moins indiquer les principaux traits, c'est-à-dire la justice de la guerre ; la digue posée à l'ambition envahissante de la Russie, la valeur des soldats de la France; le courageux dévouement de tous à l'œuvre commune ; la gloire de la patrie relevée ; les vainqueurs de 1812 et 1814 venant demander la paix dans cette capitale dont la trahison seule leur avait ouvert les portes ; enfin cet esprit de charité fraternelle entre les peuples, dont cette guerre semblait devoir consacrer le dogme. Et je suis sûr qu'en cela j'ai bien écrit sous l'impression du *sentiment public,* comme vous le dites dans votre Rapport; j'ai bien rendu la pensée de la France : ce sont bien là les aspirations qui ont fait battre son cœur pendant toute la durée de ce drame héroïque, et enfanté cet enthousiasme attendrissant qui a éclaté avec tant de force dans cette journée où Paris saluait de ses acclamations les nobles débris de l'armée d'Orient, et non, certes, la gloriole d'entendre accoupler, par des rimeurs de circonstance, les mots de *guerriers* et de *lauriers,* de *gloire* et de *victoire* : cette folle vanité eût été achetée trop cher de tout le sang qui, pendant deux années, a arrosé les rochers de la Crimée et inondé tant de fois les tranchées de Sébastopol.

Encadrer ces idées, ces sentiments dans une action simple qui en permit l'expression sincère, en évitant ainsi l'enflure du dithyrambe ou la monotonie d'un récit prolongé, me parut la meilleure forme à employer. Je le fis et, le poème envoyé, j'attendis, avec crainte quelquefois et pourtant, vous le dirai-je, souvent avec espoir.

Enfin, du milieu des tonnerres et des éclairs de l'éloquence académique, le jugement se fit entendre sur les hauteurs du Sinaï de l'Institut. Triste conclusion : Rien !...

Ainsi des 150 poèmes envoyés au concours pas un seul ne méritait d'être distingué ? Je le veux croire : puisque l'Académie le dit, il faut bien que cela soit. Cependant il devait s'en trouver de meilleurs les uns que les autres, et, d'après l'inanité des termes du concours, l'Académie n'avait qu'une chose à faire : voir quels étaient ceux des poèmes envoyés qui, par le plan suivi, par les sentiments exprimés, par la diction, lui semblaient, en effet, supérieurs. Mais, dites-vous, deux seulement de ces poèmes nous donnent à peu près *la promesse* de ce que *nous espérions.* Mais qu'espériez-vous ?

Une personne que j'ai consultée à ce sujet, après le résultat du concours proclamé, m'a dit que l'Académie, après avoir mis d'abord quelques pièces en réserve, aurait fini par rejeter toutes celles qui parlaient de ceci, de cela. Et cette personne terminait par ces mots : *D'après ce qu'on ne veut pas voir dans les pièces, je me figure difficilement ce que l'on voudrait y trouver.*

Et l'on prétendrait que cela était plus facile

aux aspirants lauréats? Pour moi, je pense que si l'on peut mettre en partie sur le compte de leur inexpérience le résultat dont nous parlons, l'Académie doit à cet égard assumer sur elle une forte part de responsabilité. Examinons. Qui sont supposés appelés à ces concours, et qui s'y présentent, en effet? Des jeunes gens ou des écrivains qui, n'ayant pas à leur disposition les réclames des grands journaux, ou doutant deux-mêmes, viennent demander à l'Académie un avis, un encouragement à poursuivre une carrière si hérissée de difficultés quand on est isolé. Or, à ces inexpérimentés, à ces aspirants à la gloire des lettres, plus remplis de zèle que de science, l'Académie vient dire : Chantez-moi la Guerre d'Orient, pour voir ! Nous ne vous imposons d'autre condition que de ne pas dépasser le nombre de 300 vers et d'avoir fini pour telle date !...

Ainsi une œuvre qui demanderait des années de travail et des proportions tout autres, doit être traitée, en quelques mois et pour ainsi dire en quelques vers ! Ajoutez que pour un sujet qui fait flotter devant l'imagination du poète toutes les formes de la poésie, depuis le poème héroïque, les magnificences de l'ode, jusqu'aux plaintes de l'élégie ou l'allure plus flexible de l'épitre, aucune indication n'est donnée. Or, chacun des genres que je viens de nommer a sa beauté particulière, mais comment savoir lequel sera le plus goûté? On ne veut pas, dira-t-on, gêner l'essor du poète. Triste liberté qui le laisse flotter dans un vague fatal ! Ne sachant quel chemin adopter, l'un marche à gauche, l'autre se jette à droite ; celui-ci raconte, celui-là chante ; l'un suit pas à pas, avec circonspection, la voie la plus battue, de peur de s'égarer ; l'autre s'élance sur la montagne, s'enivre des splendeurs qu'il croit apercevoir, au risque d'être taxé de vagabondage littéraire. Et chacune de ces manières, de ces formes peut avoir sa raison d'être, mais quelle sera celle que sanctionnera, je ne dis pas toute l'Académie, mais la majorité, qui, probablement, là aussi, fait la loi !

Quelle différence si l'Académie assignait la forme qui lui paraîtrait s'adapter le mieux au sujet et indiquait légèrement les points généraux à toucher ! Que d'incertitudes de moins pour les concurrents ; que de temps, qu'ils auraient perdu, d'après le système actuel, pourrait être employé par eux à perfectionner leur travail, et, d'un autre côté, avec quelle facilité l'Académie reconnaîtrait-elle celui qui, selon le genre adopté, aurait le mieux traité le sujet, c'est-à-dire, le mieux compris la composition du tableau, distribué avec plus

de sagacité les ombres, la lumière et les cou-
leurs, etc., etc.

Et qu'on ne dise pas que ce serait gêner les
concurrents. Un vrai poète trouverait toujours
bien le moyen de faire entrer ses idées dans
le cadre indiqué, et supposé qu'il se rencontre, une fois n'est pas coutume, parmi les
concurrents un véritable génie, et que

De l'art même *apprenant* à franchir les limites. (1)

poussant à droite et à gauche les règles po-
sées, afin de se donner un peu plus d'air et
de liberté, il vienne avec une noble hardiesse
dire à l'Académie : « Voilà, moi, comme j'ai
compris l'œuvre, » libre, alors, à l'Académie,
en faveur de la nouveauté de la chose, d'ac-

(1) Boileau, *Art poétique.*

cepter cet audacieux comme sien et de dire ;
Celui-là a raison. Mais du moins il y aurait eu
un point de départ, un terme de comparaison
indiqués, précaution aussi nécessaire aux
juges eux-mêmes pour se reconnaître, qu'aux
poètes pour se rendre compte de ce qu'on leur
demande.

Et remarquez, Monsieur, que je suis tellement dans le vrai en ceci, que vous-même
dans votre compte-rendu du concours, en
désignant à l'avance comme devant obtenir la
palme académique *quelques noms récemment
illustrés*, vous avez senti le besoin de leur
faire comprendre ce qu'ils auraient dû voir
dans le sujet donné ; ce à quoi ils n'avaient
pas pensé, à ce qu'il paraît, malgré leur ré-
cente illustration. Tant est juste le sens de cet
adage populaire : *On ne s'avise jamais de
tout !* Et c'est pour cela que vous avez écrit

une page comme vous seul savez écrire et qui
vaut certainement mieux que toutes les pièces
de vers envoyées au concours. Mais toujours
est-il qu'il aurait mieux valu indiquer cela
d'abord. Tous en eussent profité et peut-être
alors que, sûrs de ce que l'Académie espérait,
quelque nouvelle illustration eût surgi du
concours. Il est bien entendu toutefois entre
nous, Monsieur, que votre réclame éloquente
en faveur du percement de l'isthme de Suez
ne peut être qu'un accessoire très-restreint
dans un poème dont l'unique sujet donné est :
La Guerre d'Orient. La magnifique amplifi-
cation de votre rapport sur ce qu'a fait la
France en Orient pourrait être le sujet d'un
beau poème intitulé : *De la mission de la
France dans le passé, dans le présent et dans
l'avenir de l'humanité ;* mais en ce qui touche
à son introduction dans le poème dont il s'agit
ce ne serait toujours qu'un beau hors-d'œuvre,

à moins que la forme adoptée ne soit celle de l'ode ou du dithyrambe : ce qu'il aurait fallu savoir préalablement.

Cependant, Monsieur, ce rapport dont j'ai l'air de me plaindre m'a fait éprouver un bien vif plaisir. Ça été de voir que moi aussi j'avais eu cette pensée d'indiquer dans mes vers ce qu'avait fait désirer et espérer la guerre d'Orient. C'était à vrai dire l'une des plus belles faces de la question, mais, selon la logique (car vous le savez il en faut même en poésie, quoiqu'on en dise), ce ne pouvait être que la conclusion du poème, conclusion amenée par tout ce qui précédait. Mais la limite de 300 vers m'a empêché de développer davantage cette pensée, et je vous assure que c'est là le plus amer regret que m'ait fait éprouver la formule du concours.

Vous me direz peut-être : Pourquoi n'avoir pas refait votre poème et concouru de nouveau. Non. Dès que les vainqueurs d'hier ont été désignés comme étant réservés pour être les vainqueurs de demain, et qu'au nom de l'Académie vous leur avez indiqué ce qu'il leur faut dire et faire pour qu'il en soit ainsi, à quoi bon ? D'autant plus que dans un temps où l'on voit à chaque pas écrit en grosses lettres sur tous les murs : *Spécialité de...* quoi d'étonnant qu'il y ait un genre de talent dont la *spécialité* soit de remporter des prix, et auquel l'Académie s'adresse de préférence pour que les choses commandées soient confectionnées selon son goût ? car il faut bien le dire, même malgré votre explication peut-être ne serais-je pas encore arrivé à ce qu'espère l'Académie. Voyez plutôt.

Ce n'est certes pas à vous, docteur à tous

les degrés de la langue et de l'éloquence fran-
çaises, qu'il faut demander ce que vous en-
tendez par civilisation. C'est à n'en pas douter
l'état actuel des sociétés européennes les
mieux organisées. Or, s'il est vrai de dire que
la plus belle fille du monde ne peut donner
que ce qu'elle a, je crains bien que, l'isthme
de Suez une fois coupé en deux, de longtemps
la civilisation européenne ne se serve de cette
ouverture que pour faire circuler au loin ses
bourses et leur agiotage, ses banques et leurs
banqueroutes, et ses chemins de fer avec leur
trafic d'actions et de dividendes, et la concur-
rence effrénée du commerce et de l'industrie,
et la triste égalité de la misère, et surtout ses
canons, ses carabines et ses obus perfection-
nés pour aider à la rectification des idées.
N'est-ce pas ce que l'Angleterre vient de trouver de mieux à envoyer dans l'Inde pour per-
suader les peuples aimants et humains dont elle

n'a su faire que des malheureux et des esclaves,
du tort qu'ils ont de ne pas se laisser guider
dans les voies de la civilisation par les grands
manufacturiers et commerçants de la Compa-
gnie des Indes ? La voyez-vous, la civilisation
moderne, répondant aux meurtres commis
dans l'effervescence du désespoir, par le
meurtre civilisé, c'est-à-dire le meurtre organi-
sé, systématisé, le meurtre réfléchi, le meurtre
de sang-froid ? La voyez-vous cette civilisation
qui, après avoir vaincu des malheureux dont
elle avoue elle-même l'ignorance, en suspend
une partie aux arbres des chemins qu'elle par-
court triomphalement, et, parée de ses plus
beaux habits rouges et chamarrée de cordons,
de décorations, de brillantes épaulettes, der-
rière les rangs épais de ses soldats aux baïon-
nettes acérées, fait attacher le reste des vaincus
à la bouche des canons, et s'amuse à voir
s'éparpiller dans l'espace les entrailles de cré-

atures humaines et leurs membres encore pal-
pitants ?

Et les serviteurs dévoués de cette civilisation éclairée, sont-ce des sectateurs d'Odin et
de Teutatès ? Non ; ils disent qu'ils adorent le
Christ !

Voilà ce que la civilisation, au service du
commerce et de la GRANDE INDUSTRIE a fait des
confesseurs du tendre et divin maître de Naza-
reth, du saint crucifié qui s'écriait à son dernier soupir : Père, pardonnez-leur, car ils ne
savent ce qu'ils font ! Voilà ce qu'elle en a fait :
des bouchers et des bourreaux !

C'est ainsi que la civilisation espagnole
se servait de toutes les ressources, de toutes
les lumières de son temps pour transporter
chez les peuples innocents du Mexique sa ra-

pacité et son fanatisme sanguinaire, malgré les efforts du divin Las-Casas qui demandait en vain, avec des cris et des larmes, moins de supériorité de force, de lumière, ét plus d'amour.

Plus d'amour ! voilà de nos jours encore la grande affaire. Plus d'amour entre les peuples, entre les races. Que dis-je ? entre les citoyens d'une même patrie. Plus d'amour pour tous les opprimés, sous quelque forme qu'ils apparaissent, quelle que soit leur croyance : qu'ils adorent le Christ, Mahomet ou Bouddha ! Voilà le sentiment qu'avait réveillé la guerre d'Orient, l'espérance qu'elle avait fait concevoir. Voilà ce qu'aurait développé mon bon vieux curé, si mon trois centième vers n'était venu lui couper la parole.

En effet, que sert au genre humain que,

dans les capitales de la civilisation, luise la lumière pâle et froide des sciences ? La lumière n'est pas tout. Qu'importe qu'elle brille dans le ciel d'un jour d'hiver, si elle ne suffit pas pour nous réchauffer, si elle ne nous laisse apercevoir que les arbres dépouillés de leur verdoyante parure, et les masses d'infortunés qui n'ont ni pain pour se nourrir ni vêtements pour se couvrir, et qui souffrent et qui meurent dans le désespoir. La lumière ! non, ce n'est pas tout ! Voyez dans les salons éblouissants de celle des lustres, du gaz, des bougies, cette foule qui, au milieu des jouissances que lui procure l'instruction, la richesse, pauvre de tout ce qu'elle n'a pas, circule froide, ennuyée, inanimée. Le bonheur est-il là ? Non.

Mais dans quelque coin retiré, mansarde ou chaumière, à la faible lueur d'une lampe va-

cillante ou d'un foyer presque éteint, voyez-
vous ces deux êtres assis l'un près de l'autre,
la main dans la main, s'énivrant du doux murmure de la voix aimée, tressaillant à la pression
muette de cette main dont l'électricité magné-
tique fait passer d'un cœur à l'autre une cha-
leur douce et bienfaisante, rêvant dans cette
délicieuse extase de tout ce que les docteurs à
diplômes, malgré leurs lumières, ne peuvent
enseigner : l'âme, le dévouement, la nature,
Dieu ! Voilà le bonheur ! Et qui l'a fait des-
cendre dans ce réduit, où les puissants de la
civilisation ne pénétreraient qu'avec répu-
gnance ? L'amour !

L'amour ! voilà le dogme que, jusqu'à sa
réalisation, doivent proclamer l'éloquence et
la poésie. C'est lui qui remplissait le cœur des
premiers chrétiens, ces parias de la civilisation romaine, ces ennemis insensés et incorri-

gibles de la société et de la religion de l'empire, comme disaient les ministres des Domitien, des Néron et des Caligula. Affreux conspirateurs, en effet, qui, ne reconnaissant qu'un seul Dieu, Dieu de justice et d'amour, créateur des mondes et père de tous, refusaient de se prosterner devant des Dieux de marbre ou de pierre, et souriaient de pitié devant les images de bois ou de cuivre dont faisaient commerce les devins et les augures ! Insolents sectaires, en effet, qui, par leur ardente charité et leur vie innocente, insultaient à chaque instant, sans le vouloir, à la dureté de cœur, aux mœurs dissolues de la Rome des empereurs, elle qui, cependant, leur prodiguait l'outrage, à la voix des prêtres de Vénus l'impudique et de Jupiter l'incestueux !

« Aimez-vous les uns les autres », avait dit à

ses frères Jean, le disciple bien-aimé, celui à qui le Christ mourant sur la croix, comme ennemi aussi de la société, de la civilisation pourrie des Scribes et des Pharisiens, avait légué tous les biens qu'il possédait : l'esprit de justice et de charité ; aimez-vous les uns les autres, répétait-il sans cesse, et les chrétiens obéissaient à cette loi si simple et si claire. Et tandis que les prétoriens les massacraient dans les cavernes retirées, où ils se rassemblaient pour prier Dieu ; que les préfets de l'empire les jetaient dans les prisons ; que les civilisés de cette société en dissolution battaient des mains dans le cirque, lorsque le sang des martyrs ruisselait sous la dent des tigres et des lions, moins féroces que ce peuple à qui ses prêtres n'avaient enseigné que la passion du luxe, et la débauche, et la haine ; eux les persécutés, eux les victimes, ils s'aimaient et ils étaient heureux : ils étaient heureux parce qu'ils croyaient ; parce qu'ils savaient, par la science du cœur, que leur sang, comme celui de leur divin maître, en arrosant la terre y ferait germer pour l'avenir les semences de la loi de justice, de liberté, de charité.

C'est en songeant à toutes ces choses, à ces merveilles de l'abnégation et de l'amour, que mon vieux curé s'est écrié, dans son beau rêve d'avenir pour les nations :

Charité, dévouement, vous sauverez le monde !

parce qu'en effet il n'y a que cela qui puisse sauver le monde des maux que la civilisation actuelle, quelque éclairée qu'elle soit, n'a pu faire encore disparaître. D'ailleurs, regardons plus près de nous. Si la France a été arrachée par Jeanne d'Arc au joug des Anglais, Jeanne d'Arc qui, selon l'expression d'un poète,

« Sut vaincre et sauva nos murailles
« Quand Dunois, Lahire et Saintrailles,
« Vaincus, ne savaient que mourir (1),

c'est que Jeanne d'Arc aimait la France, et que son exemple avait fait naître dans les cœurs le même amour, le même dévouement. Et plus près encore, si les héros improvisés de Jemmapes et de Fleurus,

« Pieds nus, sans pain, sourds aux lâches alarmes (2),

ont de nouveau sauvé la France, c'est qu'ils l'aimaient, dans ces moments, avec délire, avec idolatrie, parce qu'ils voyaient en elle le salut de l'humanité. C'est grâce à cet amour, source de dévouements sublimes, que cette France, dévorée au dedans par des souffrances

(1) LEBRUN, Odes.
(2) BÉRANGER, Le vieux Sergent.

inouïes, pouvait dire cependant, par la voix des bandes héroïques de ses armées des Alpes et de Sambre-et-Meuse, à la coalition des rois étrangers : tu n'iras pas plus loin.

Que de choses j'aurais à vous dire encore à ce sujet, Monsieur.

Mais je m'arrête, presque effrayé de toutes ces pages écrites à propos d'un concours manqué, et d'une réclame en faveur d'un projet de canal ; mais c'est que votre rapport m'a fait penser à tout ce qui pourrait et devrait se faire, et qui ne se fera malheureusement pas, j'en ai bien peur ; et sachant que vous êtes de ceux qui comprennent et les choses de l'esprit et les choses du cœur, j'ai laissé courir le mien avec ma plume.

Quant à ce qui me concerne personnellement dans l'affaire académique, je ne m'en étonne nullement, car il est écrit sans doute au livre des destinées, comme auraient dit les vieux Grecs, que je ne suis pas né pour les palmes des concours. Déjà la Société des Gens de lettres n'avait rien trouvé dans mes *Chercheurs d'or*. Seulement, un beau jour, un de mes juges écrivait dans le *Moniteur* (1) à propos de ma pièce envoyée : — *Et si par hasard la pièce avait remporté le prix? Ce n'est même pas par hasard qu'elle l'aurait remporté. Je me demande avec un certain remords pourquoi je ne l'ai pas entendu lire dans la commission d'examen. Peut-être n'a-t-elle pas été assez défendue. Elle méritait ce me semble d'être plus longtemps discutée. Le vers a de la force et du nombre, l'image a de l'audace, etc., etc.,* de sorte

(1) *Moniteur* du 6 mai 1856.

qu'enterré dans le concours des Gens de lettres, je donne après signe de vie. Semblable en cela à cet abbé La Porte dont Lebrun disait :

« De La Porte admirez le sort :
« L'esprit lui vint après la mort » (1).

Je ne désire nullement qu'à l'occasion de la mienne au concours de l'Académie française mes derniers juges éprouvent d'aussi douloureux remords que mon juge des Gens de lettres, car il n'y a vraiment pas de quoi. Je me bornerai à dire aux Académies ces paroles du vieux poète (2) :

« Je n'ai pas eu de vous grand avantage :
« Un moins aimant aura peut-être mieux. »

(1) LEBRUN, Épigrammes.
(2) Clément MAROT.

Je serai surtout tout à fait consolé de mon malheur si vous reconnaissez, comme je l'espère, que mes vers sur la guerre d'Orient ont été écrits avec mon cœur, avec mes larmes, et si, en souvenir de moi, vous faites agréer à l'Académie française mon sentiment sur la direction qui devrait être donnée à ses concours pour les rendre vraiment utiles et aux talents sans appui, et aux progrès du bel art de la poésie.

« Pour mon nom, je le tais, et tel est mon dessein (1),

mais vous le devinerez à celui de Charlemagne, premier théâtre de votre gloire et où vous m'avez salué du titre de poète. Mon nom qu'il soit un peu aimé de ceux qui me connaissent, c'est la plus douce récompense

(1) VOLTAIRE, Tancrède.

que je puisse obtenir. Quant aux autres, s'ils trouvent mes vers à leur goût, bonne affaire ! Mais ce nom ne leur apprendrait rien.

Ces vers que j'ai fait imprimer de peur d'être plus tard accusé de plagiat, je vous les adresse, ainsi que quelques autres, en souvenir de notre cher Béranger, avec lequel, parfois, j'ai eu tant de plaisir à parler de vous.

Recevez-les, je vous prie, Monsieur, comme un témoignage de ma sincère admiration et de mes sentiments bien respectueux.

HIPPOLYTE,
(de Charlemagne).

Février 1858.

LA GUERRE D'ORIENT.

AVERTISSEMENT.

La Guerre d'Orient, a été envoyée au concours de l'Académie française le 30 mars 1857. Aucune pièce n'ayant obtenu le prix, l'auteur se décide à publier la sienne pour éviter d'être plus tard accusé de plagiat, s'il se rencontre, comme cela peut très bien arriver, avec quelques passages des pièces envoyées au nouveau concours. Quelque soin qu'ait pris l'auteur de resserrer son sujet il lui a été impossible de ne pas dépasser dans la composition le nombre de 300 vers irrévocablement fixé par l'Académie française. Il rétablit, en les indiquant par un astérisque (*), les vers retranchés dans la copie envoyée au concours.

LA GUERRE D'ORIENT

Il faut de nouveaux chants pour des palmes nouvelles.
LEBRUN (Odes).

Humanité ! règne ! voici ton âge !
BÉRANGER (Les âges historiques).

En un coin ignoré dans la vieille Champagne
Est un village obscur que la paix accompagne.
Togny : c'est son doux nom. La Blaise en son circuit
L'embrasse et lentement passe, calme et sans bruit.
Là-haut, sur le vieux roc, par les ans toute grise,
Repose du hameau l'humble et modeste Eglise.
De là Dieu semble dire à ses enfants pieux :

Je vous vois. Soyez bons, aimants pour être heureux.
De là semble couler sur la prairie aimée,
Immense et de grands bœufs au loin toute semée,
Un souffle d'innocence et de paix et d'amour !

Mais aujourd'hui pourquoi, dès le lever du jour
Ce mouvement, ce bruit au tranquille village?
C'est qu'on y sait déjà que du lointain rivage
Nos soldats, exilés par de nobles travaux,
Aux foyers paternels ramènent leurs drapeaux.
Déjà, près de l'Eglise, on s'assemble, on écoute
Un grand vieillard dont l'œil plonge au loin sur la route.
C'est Restaut, vieux soldat du temps de l'Empereur,
Brave et bon paysan. Il leur dit son bonheur :
Que son Henri, son fils enfin de la Crimée
S'en revient, lui parti des premiers pour l'armée.
Puis il ajoute : amis, oui, voici de beaux jours !
Autrefois quand tremblaient au bruit de nos tambours
Berlin, Vienne, on marchait, mais on ne savait guères
Ce qu'il en reviendrait au bout de tant de guerres.
Mais nos soldats, souffrant devant Sébastopol,
Pour prix de leurs efforts voyaient sortir du sol
Le triomphe assuré du droit, de la justice.

Du despote du Nord l'ambitieux caprice,
Couvrant ses projets vils de prétextes sacrés,
Versait sur le sol turc ses peuples effarés ;
Mais la Gaule a frémi devant tant d'insolence :
Son glaive fort et lourd tombe dans la balance,
Et la vieille Angleterre et le Piémont hardi
A son cri de combat tout-à-coup ont bondi !
Les Turcs ! — Oltenitza, la forte Silistrie
Avaient prouvé, déjà, s'ils aimaient la Patrie !
Et quand Français, Anglais, Piémontais, Musulman,
Se pressèrent la main au rivage Ottoman ,
C'était l'humanité sacrée et l'héroïsme
La liberté debout contre le despotisme.

*Aussi, de la Russie enfin touchant le sol,
*Quand leurs regards ont vu surgir Sébastopol,
*Ses bastions géants, aux lugubres murailles,
*Où couvaient sourdement d'affreuses funérailles,
*Saluant d'un sourire intrépide et moqueur !
*Ces rochers de granit moins fermes que leur cœur,
*Nos soldats ont bientôt, dans leur fièvreuse audace,
*D'avance à leur drapeau marqué sa noble place.
*Chaque jour à ces rocs leur sabre, fort ciseau,

* Arrachait un sanglant et funèbre lambeau.
* Rude et sombre labeur, sans trève ni relâche,
* Mais pour des fils pieux grande et sublime tâche ,
* Prouver que pour venger la justice et ses droits
* La France sait toujours briser l'orgueil des Rois !
* L'hiver, ses ouragans, ses neiges entassées,
* Ont-ils vu leur front triste ou leurs âmes glacées ?
* Calmes, fiers, indomptés, sous ce ciel inhumain
* Où chaque nuit marquait le deuil du lendemain,
* Page qu'avec leur sang ils traçaient pour l'histoire,
* Le devoir, le travail leur tenaient lieu de gloire !
Puis Restaut leur disait notre étendard vainqueur :
Son vieux sang se réchauffe à ces pensers du cœur.

Il leur parlait encor qu'au détour de la place,
Par un sentier où l'orme à la vigne s'enlace
Un vieux prêtre paraît.— C'est Monsieur le Curé !...
On crie, on court.—Eh ! bien?—Lui, d'un ton pénétré
Du feu de charité qui sans cesse l'enflamme : —
Oui, mes amis, je viens de Paris, et mon âme
Est triste, mais heureuse. Oui, je viens de les voir,
Souffrants, mais glorieux ces martyrs du devoir,
Que Dieu veut bien nous rendre et dont la France est fière.

Quel amour animait cette fête guerrière !
Du bronze d'Austerlitz au bronze de Juillet
De fleurs et de drapeaux le boulevard brillait.
Aux balcons, sur les toits, une foule pressée
Innombrable, vivait d'une seule pensée :
Ils viennent !... — Les regards étincellent, tendus
Vers la Bastille où sont les héros attendus.
De flots d'or et d'acier emplissant tout l'espace
Un long état-major bientôt s'avance et passe :
Mais les cœurs enivrés s'élançaient au-delà.
Tout-à-coup, on entend : — Les voilà ! Les voilà !
On voyait, en effet, loin, mouvantes murailles,
Et dans tout l'appareil imposant des batailles,
Les rangs se déployer. On distingue bientôt
Dans la masse, avançant fière, comme à l'assaut,
Le rouge pantalon, la casquette plissée,
Et la tunique bleue, aux hanches retroussée,
Puis flotter au-dessus du bastion vivant
Des drapeaux déchirés soulevés par le vent...
Alors, oh ! part soudain, à ce glorieux signe,
Des bouches et des cœurs ce cri : — Vive la ligne ! —
Et tombent des balcons les couronnes, les fleurs !
Et larmes, et bravos, saluts, saintes clameurs,

Eclatent, inondant la colonne sacrée,
Marchant, de mâle orgueil et d'amour enivrée !...

Puis, de la Gaule aussi verdoyants rejetons,
S'avancent, déployés en larges pelotons,
Tous les autres enfants de la mère des braves :
Et les sombres chasseurs et les brillants zouaves ;
Les graves grenadiers et les vifs tirailleurs ;
Puis avec leurs canons roulants les artilleurs,
Si fiers quand, providence et gloire de l'armée,
De leurs boulets frappant les rocs de la Crimée,
Au feu de l'ennemi répondant coup pour coup,
Le son rebondissait jusqu'aux murs de Moscou !

Mais dans ce fier tableau douce et navrante image !
On voyait, chers débris arrachés au carnage,
S'avancer, chancelants, les blessés affaiblis !...
Pitié sainte !... on lisait sur leurs fronts tout pâlis,
Sur leur face de plomb, par les fièvres séchée,
Les balles du combat, les nuits de la tranchée !...
Pauvres enfants ! ils vont, se pressant, les regards
Fixés avec fierté sur leurs chers étendards !
Ils semblent aspirer dans l'air de la Patrie

Un baume guérissant leur pauvre âme meurtrie !
Tous les cœurs se gonflaient ; des pleurs silencieux
Coulaient !... O mes amis ! non, jamais sous les cieux
Mes yeux ne reverront une telle journée
Des plus purs sentiments remplie et couronnée !...

Et le bon prêtre, ému leur serre à tous la main.
Et tous lui souriaient en pleurant, quand soudain
Une voix vibre au loin et dans l'espace lance
Ce vieux refrain : Honneur aux enfants de la France !
On s'étonne, on écoute ; et Restaut attendri :
— Oh ! bonheur ! Le voilà ! c'est la voix de Henri :
Je la reconnais bien, tenez ! — sur la colline,
Du point où le chemin vers l'Eglise décline
Laissant errer au loin un regard doux, content,
Un soldat de la ligne avançait en chantant.
Il paraît souple et fort dans sa marche rapide ;
Son grand œil bleu décèle un cœur franc, intrépide.
Son épaisse moustache au-dessous du menton
Descend ; le sabre pend à son noir ceinturon ;
Son képi couvre à peine un front mâle et stoïque ;
A ses reins vigoureux se serre la tunique
Dont les pans, tout usés dans les camps, font songer

A ces vieux habits bleus chantés par Béranger!...

Aux lèvres du soldat soudain le chant expire.
Un seul cri le remplace avec un doux sourire :
— Mon père! — Et, saluant du geste, il fend les airs
Court à Restaut qui vient à lui les bras ouverts :
Plein d'une douce joie, Henri s'y précipite.
Du père et du soldat comme le cœur palpite !
—Mon père!—Mon Henri !—Puis chacun veut sa part;
Un serrement de main, ou du moins un regard.
Quand le curé : mon fils, tu vois : pour tous c'est fète
A ton retour; mais viens. Le déjeûner s'apprête
Au presbytère. Allons : venez tous. De ton bras
Laisse-moi me servir, car je suis un peu las.
Tu vas trouver là-bas un aimable convive
Un autre brave aussi qui de Crimée arrive.
Et vous vous aimerez. — Et Restaut : viens Henri :
C'est la maison de tous et c'est un saint abri.
— Monsieur le curé, soit. En route, au presbytère!
Appuyez-vous bien fort sur mon bras. — Et le père :
Oh! que béni soit Dieu qui voulut protéger
Mon enfant au milieu de l'horrible danger !
Comme au Mamelon vert, n'est-ce pas ta brigade,

Etait à Malakoff? — Père, à toute l'aubade ! —
C'était beau, mais terrible? — Ah ! ce fut un moment
Dont le souvenir seul est un ravissement !
Mais aussi nous avions pour conduire l'ouvrage
Un soldat dont le nom dit : Victoire et courage !
Bosquet ! Lui que dix fois la gloire vous nomma :
Le Bosquet d'Inkermann, le Bosquet de l'Alma
Et de la Tchernaya ! criant : Clairons, en tête !
Et sonnez tout, enfants, excepté la retraite !
Calmes, nous comptions tous, nous sur lui, lui sur nous.
—En avant!...—que ce cri nous parut saint et doux !
En avant!... Les premiers tombent sous la mitraille
Qui pleut à flots pressés de l'horrible muraille.
N'importe ! Nous courons ! Le cœur crie : en avant !
Sous nos pas redoublés tout le sol est mouvant !
Et la balle, et l'obus, et la bombe étoilée,
Tout frappe, mord, déchire en l'ardente mêlée :
En avant ! — En passant sur des monceaux de morts
La colonne se forme et redouble d'efforts.
Les rangs, comme des murs ébranlés par la foudre,
S'écroulent en des flots de fumée et de poudre,
Le boulet siffle, tombe et fume au sang qui bout :
Mais, père, le drapeau!—Debout!... toujours debout!

Il va, marche ! on le suit, et la foule serrée
Monte, monte toujours, indomptable marée,
Jusques sur Malakoff, s'y heurte avec fureur,
Y pénètre, l'inonde et le couvre... O bonheur !
Ce lugubre témoin de deuil et de souffrance
Enfin, il est à nous ! Le drapeau de la France
S'y plante et flotte aux vents !.. oh ! vienne qui voudra
De ces débris sanglants nul ne l'arrachera ! —
Et de joie et d'orgueil notre âme palpitante
Murmure avec amour : Patrie es-tu contente ?

— Heureuse ! ô mon enfant ! dit le curé. Jamais
Elle ne le fut plus de vos brillants succès.
Elle vous l'a prouvé quand sa voix et ses larmes
Bénissaient de ses fils et le nom et les armes.
J'étais là. Je t'ai vu marchant près du drapeau.
Tu pleurais n'est-ce pas ?—Oh ! oui, car c'était beau !
Avoir vécu deux ans dans l'enfer des batailles ;
Senti la faim, la soif dévorer vos entrailles ;
Vu balles et boulets mettre en lambeaux les chairs
Des bataillons, tomber vos amis les plus chers,
Et passé sur leur corps dans l'horrible carnage
Sans leur presser la main et leur dire : courage !...

Puis se voir accueilli de si touchants transports
Et se sentir aimé !... que la Patrie, alors,
Dans son noble abandon est enivrante et belle !
Qu'on est heureux et fier d'avoir souffert pour elle !..
Aujourd'hui me voilà, s'il faut recommencer :
Le temps de te revoir, père, et de t'embrasser !

— Oh ! nous te garderons pour longtemps je l'espère
Dit Restaut. Alexandre a renié son père.
Ces Boyards insolents, de l'absolu pouvoir
Esclaves éhontés, Paris va les revoir,
Mais non plus étalant sur nos places publiques,
Grâce à la trahison, leurs bandes faméliques.
O braves que le sort un jour abandonna,
Victimes de l'Elster, de la Bérésina ;
Et vous qui, pour mourir, désertant vos lycées
Et tenant dans vos bras vos pièces enlacées,
Aux buttes Saint-Chaumont tombiez tous sans pâlir,
Enfants que pour dompter il a fallu trahir !...
Ames des preux éteints au tranchant des épées,
Des ombres de la mort venez enveloppées,
Planant sur la cité qu'arrosa votre sang,
Venez voir vos vainqueurs d'un jour, en frémissant,

Dans les murs de Paris demander à l'Europe
Pardon pour Varsovie !... et pardon pour Sinope !...
A la lance du tzar ton sabre a fait la loi,
Henri ! — Tiens, aujourd'hui je suis jaloux de toi ! —

Et riant, et pleurant, l'âme folle, enivrée,
Il couvrait de baisers cette tête adorée.

A l'humble presbytère on arrivait pourtant.
Le bon curé disait : Il est tard ; on attend.
Mais la porte s'entr'ouvre et sur le seuil agreste
Apparaît tout à coup une vierge modeste.
De sa robe de bure on voit les larges plis
Par son maintien sévère et décent ennoblis.
*Ses traits sont fins et beaux ; la bonté s'y décèle ;
*Elle a l'œil brun et doux de la tendre gazelle ;
*Ses sourcils noirs, arqués, et deux veines d'azur
*Font ressortir l'éclat de son front pâle et pur.
En elle se confond, harmonieux mélange !
De la femme l'attrait, la pureté de l'ange.

A peine il l'aperçoit que, tout troublé, Henri
Abandonnant le bras du curé, jette un cri :

— Est-ce vous que je vois, ô de la Providence
Vous l'image vivante! ange de la souffrance?
Mon père, mes amis, oui, voilà mon sauveur :
Quand nous gémissions tous sur un lit de douleur,
Pour elle du chagrin gardant la goutte amère,
C'était de nos blessés et la sœur et la mère.
Sa voix douce à nos cœurs, grondait aux mauvais jours
Mais guérissait souvent et consolait toujours.
A ses soins si touchants je dois plus que la vie :
Bénissez avec moi le saint nom d'Amélie.

Et le soldat pleurait, et tous; quand, avec feu,
La sœur : Ce n'est pas moi qu'il faut bénir ; c'est Dieu,
Lui qui versant sa force en ce corps si fragile
En airain endurci changeait la frêle argile,
*Afin que nous pussions tant de fois, sans faiblir,
*Voir, souffrants dans nos bras, et se tordre et pâlir
*D'intrépides soldats : les voir, pensée amère !
*Mourir désespérés en appelant leur mère !

*Cette force de Dieu vous l'aviez quand, souvent,
*Frère, aimant et hardi, vous alliez, saintement
*A travers les boulets, et l'horrible mitraille.

*Ramasser un blessé sur le champ de bataille
*Et veniez, vous si fort pour vos propres douleurs,
*Nous le recommander l'œil humide de pleurs.
*— Oui, parfois, dit Henri, las de sang, de carnage,
*De plus doux sentiments guidaient notre courage ;
*Mais le héros c'est vous, partout, à chaque pas,
*Calmes, bravant la mort et ne la donnant pas.

*J'ai vu nos aumôniers que leur foi pousse et guide,
*Parcourant en tous sens un sol de sang humide,
*Au milieu des douleurs et des cris déchirants
*Mêler des mots d'espoir au râle des mourants ;
*J'ai vu nos médecins, anges de la science,
*Au cœur pétri de forte et tendre patience,
*Sourds au bruit de la bombe éclatant dans les airs,
*Du feu des bataillons, rouges d'affreux éclairs,
*Tandis que les boulets brulent les rangs, les couche
*Comme des épis mûrs que la faucille touche,
*L'œil fixe, ardent, penchés sur nos pauvres blessés,
*Pour soutenir, soigner leurs membres fracassés,
*Demeurer accroupis dans le sang et la boue,
*Et des larmes d'amour ruisselaient sur ma joue :
*Et, pourtant, pour sauver ses frères, après tout,

*L'homme dans le péril, fier, doit rester debout;
*La force et le devoir là lui marquent sa place;
*Mais vous, anges formés de faiblesse et de grâce,
*Sur vos pas ne devrait fleurir que le bonheur !
*Ah! si vous réclamez votre part de douleur,
*Vous, sans tache et sans peur traversant tous nos crimes,
*Vous d'un instinct sacré volontaires victimes,
*Qu'Abdul-Medjid nommait ses anges de bonté,
*Laissez-nous vous bénir dans votre pureté !

*J'ai gardé de Stamboul, la ville du Prophète,
*Le pieux souvenir d'une touchante fête.
*Je voyais s'alonger des files de soldats
*Qui, tristes, lentement, s'avançaient pas à pas,
*Le front abattu, sombre, et les armes baissées.
*Quel est donc ce cercueil, objet de vos pensées,
*Que vous entourez tous d'honneur et de respect,
*(Dis-je à l'un d'eux, vieillard au vénérable aspect)
*Sur lequel le croissant et la croix du calvaire
*S'inclinent? — Regardez, me dit-il, ce rosaire !...
*Ah ! ce fut sur la terre un noble et tendre cœur,
*Qui venait des mourants soulager la douleur;
*Une Française, enfant de Saint-Vincent-de-Paule,

*Hélas ! et le fardeau fut lourd pour son épaule !...
*Elle mourut !... voilà pourquoi tous, citoyen,
*Femmes, prêtres, soldats, musulman ou chrétien,
*Pleurent sans demander dans leurs touchantes plaintes
*Quelle religion la comptait dans ses saintes ;
*Pourquoi dans chaque langue on entend répété
*Avec amour, ce nom : — Sœur de la Charité !...
*— Quel succès ramassé dans le sang des batailles
*Pourrait rivaliser ces nobles funérailles ?
*— Frère, dit Amélie avec un doux regard,
*Dieu qui connaît les cœurs sait faire à tous leur part.
*Courageux au combat, humains après la guerre,
*Qui plus que vous a droit à son amour de père ?
*Pour nous sœur des héros, nous dont le cœur aussi
*Palpite à votre nom, notre rôle est, ici,
*Tandis que l'oppresseur tremble devant vos armes,
*D'aimer et de calmer et d'essuyer les larmes ;
*De souffrir avec ceux qui souffrent et que rien
*Ne console, et prier le Père de tout bien,
*D'inspirer à chacun l'amour et la clémence.
O si Dieu dans ses bras voulait prendre la France
Et pour l'y réchauffer la presser sur son cœur !
S'il voulait éclairer d'un rayon rédempteur

A ses propres instincts cette chère rebelle
Pour les autres si bonne et si dure pour elle !
Si prenant dans ses mains tous ces chers exilés,
Pauvres oiseaux si loin à nos cris envolés,
Il les ramassait tous sous l'aile frémissante
De la mère qui rêve à sa couvée absente ;
Qui serait bien heureuse à voir tous ses petits
Et qui les compterait avec de si doux cris !..

Oh ! mon Dieu, ce désir ne sera-t-il qu'un rêve,
Dit Amélie en pleurs. — Ma sœur, pour qu'il s'achève
Ah ! je donnerais bien le reste de mon sang,
Dit Henri. — Et le bon curé, les embrassant
Et les pressant, ému, tous deux sur sa poitrine :
— O race de la Gaule, ô nature divine !
Oh ! que vous êtes bien les vrais enfants de Dieu,
Femme et Peuple, et pour tous répandant en tout lieu
Votre sang et vos pleurs !... Vous les verrez éclore
Ces jours dont vos cœurs purs voudraient hâter l'aurore
*Oh, non, croyez-le bien : la France n'aura pas
*En vain, pendant deux ans de deuil et de combats,
*Et chaque jour, du sang de notre brave armée
*Imbibé lentement les rocs de la Crimée.

N'avez-vous pas pas senti sur le sol d'Orient
Se répandre un air doux, calme et vivifiant?
C'est du sang des martyrs la sainte et pure essence.
Elle va, s'élevant haut dans l'espace immense,
Et montera toujours jusqu'au père de tous ;
Et lui, la bénira d'un regard ; puis sur nous
Elle va retomber, douce et fraîche rosée,
Goutte à goutte glissant dans toute âme épuisée,
Va déposer au fond du calice humecté
Les sucs mystérieux de la Fraternité,
Et Dieu fera germer la semence féconde !
Charité, dévouement, vous sauverez le monde !...

Regardez ! Aux lieux même où jadis nos aïeux
Couraient, croyant servir les intérêts des cieux,
Le glaive dans la main, l'œil sanglant et farouche,
Prêchaient un Dieu de paix la menace à la bouche,
Et, dans leur zèle impie, offraient au tout-puissant
Un holocauste affreux de larmes et de sang,
L'Europe offre au vieux monde une main fraternelle
Et de ce pur contact jaillit une étincelle
Qui frappant tous les cœurs y grave en traits de feu :
— Vous êtes frères, tous, et votre père est Dieu !

Oh, oui, tous s'aimeront, et la France elle-même !
Colombe aux yeux d'azur de ce nouveau baptême,
Voudra pour tous ses fils être sainte à son tour ;
Et se baignant aux flots de cet immense amour,
Elle, triste, et souvent au mal sacrifiée,
Elle en ressortira forte et purifiée.

O si tu veux qu'un jour la sainte humanité,
Marchant dans la justice et dans la liberté,
Trouve enfin le repos après tant de souffrance,
O Dieu, bénis, éclaire et protége la France !...

Et, grave et recueilli, d'un geste solennel
Il les fait tous asseoir au banquet fraternel.
Et tous disaient ce vœu d'amour et d'espérance :
— O Dieu puissant, bénis et protége la France !

30 Mars 1857.

SOUVENIR DE BÉRANGER.

A BÉRANGER,

En lui envoyant mon premier volume de poésies.

Plus d'aubépine blanche,
De ruisseau qui s'épanche,
Plus d'oiseau sur la branche,
Plus de rose à fleurir,
Plus d'humble violette,
De fraîche paquerette,

4

Et le cœur du poëte
Se sent mourir.

Du deuil de la nature
Ressent-elle l'injure
Ton âme douce et pure ?
Prompt à la soulager,
Ton immortel génie
Sur ta veille bénie
Verse-t-il l'harmonie,
O Béranger !

Tendre et sublime Orphée,
Ah ! que ne suis-je fée ?
Je dirais : « qu'échauffée
« D'un doux printemps, toujours
« Sa douce muse chante
« La France qu'elle enchante,
« Ou l'histoire touchante
« De ses amours. »

A toi, dont la mandore
Vibre mâle et sonore,

Ces fleurs que fit éclore
Le souffle des douleurs.
Pardonne mon délire ;
Le seul but où j'aspire
C'est de te voir sourire
    A leurs couleurs ;

C'est d'étreindre en la mienne
Cette main citoyenne
Qui sut briser la chaîne
D'un pouvoir abhorré.
Le bonheur que j'espère
C'est, d'un baiser sincère,
D'effleurer, ô mon père,
    Ton front sacré !

Janvier 1832.

LE BUSTE DE BÉRANGER,

PAR Mlle FANNY DAVESNE.

Des méchants insultaient aux gloires de la France :
Ils voulaient, dans leur folle et lâche impiété,
Sous leur bave étouffer la suprême espérance
Qui vers des jours meilleurs pousse l'humanité ;
Mais, Vestale sans peur d'un culte qu'on outrage,
Fanny sent sous sa main l'argile tressaillir,

4*

Et son doigt inspiré soudain en fait jaillir
De Béranger la radieuse image !

Qu'un chant d'amour brille à travers nos pleurs !
Debout, peuple ! aujourd'hui c'est fête de famille !
Donne des fleurs pour le front de ta fille :
Pour Béranger donne des fleurs !

Oui, voilà son regard éclatant de génie,
De mâle indépendance et d'aimable gaité ;
Oui, voilà son beau front où siége l'harmonie ;
Oui, voilà son sourire et voilà sa bonté !
O France ! oui, c'est bien là le populaire athlète
Qui, secouant les fers dont le chargeaient tes rois,
Hardi, se relevait et luttait pour tes droits :
O liberté c'est bien là ton poète !

Qu'un chant d'amour etc.

C'est lui, nobles soldats de Fleurus, de la Loire,
Qui, de vos grands exploits berçant notre sommeil,
Allumait aux rayons de votre vieille gloire
Des trois jours rédempteurs le splendide soleil !

Exilés, c'est celui dont la voix consolante
De vos fronts inclinés effaçant la pâleur,
Parfois, vous fit rêver avec moins de douleur
  Au sol aimé de la patrie absente !...

    Qu'un chant d'amour etc.

Honneur à ses beaux vers aux rimes parfumées
De liberté, de gloire et de mol abandon !
Honneur à ses beaux vers où nos âmes charmées
Ont retrouvé Tacite, Alcée, Anacréon !
Honneur à ses beaux vers dont la sève fertile
Féconde dans nos cœurs tout noble souvenir !
Honneur à ses beaux vers qui du saint avenir
  Ont révélé le sublime évangile ! (1)

    Qu'un chant d'amour etc.

Artistes, saluez votre plus pur modèle
Et vous, Femmes, le chantre aux gracieux amours ;
Citoyens, saluez le poète fidèle

(1) Les Ages historiques.

Aux larmes du pays comme à ses plus beaux jours ;
Malheureux, saluez l'ami dont l'âme fière
Parle aux cœurs fatigués avec des mots si doux,
Espère, s'attendrit, rêve ou pleure avec vous,
    Et dont la main s'ouvre à toute misère !

    Qu'un chant d'amour brille à travers nos pleurs !
Debout, peuple ! Aujourd'hui c'est fête de famille !
    Donne des fleurs pour le front de ta fille :
      Pour Béranger donne des fleurs !

Juin 1855.

A BÉRANGER,

En lui remettant mes CHERCHEURS D'OR.

Va, Muse, aux pieds de Béranger
Porter ces vers et mon hommage.
Le cœur plein de sa chère image,
Va, Muse, aux pieds de Béranger.
Puisse son beau nom protéger
Ce chant où j'esquissai notre âge.

Va, Muse, aux pieds de Béranger
Porter ces vers et mon hommage !

Il est si noble, il est si bon
Que tu le verras te sourire.
Lui que le monde entier admire,
Il est si noble, il est si bon !
Tout bas tu lui diras mon nom :
Des méchants pourraient le maudire !
Il est si noble, il est si bon
Que tu le verras te sourire !

Mon cœur bat, car il va venir
Le chantre adoré de la France !
Aussi malgré tourments, souffrance,
Mon cœur bat, car il va venir !
Son nom fait rêver d'avenir
Et de bonheur et d'espérance :
Mon cœur bat, car il va venir
Le chantre adoré de la France !

Je suis heureux dans mon malheur
S'il peut savoir combien je l'aime !

Dieu ! S'il pouvait m'aimer de même
Je suis heureux dans mon malheur !
Gloire, succès, richesse, honneur,
Ce n'est pas là mon vœu suprême ;
Je suis heureux dans mon malheur
S'il peut savoir combien je l'aime !

Janvier 1857.

LE DERNIER BAISER.

AVERTISSEMENT.

A défaut d'autres mérites, cette pièce a du moins celui
d'un intérêt douloureusement historique. Le matin du jour
des obsèques de Béranger, l'auteur court à la maison mor-
tuaire, traverse l'appartement et se trouve en face de celui
qu'il aimait tant !.. Béranger semblait dormir, mais la mort
avait imprimé à ses traits une expression de sévérité à laquelle
sa bonté expansive n'avait pas accoutumé l'auteur. Aussi
son cœur en fut-il brisé. Il s'inclina et pressa longtemps de
ses lèvres, en pleurant, ce front qu'il adorait... Le *Dernier
baiser* était éclos dans son cœur.

LE DERNIER BAISER

Quoi ! lui mourir !...
BÉRANGER. — Le 5 mai.

Mort !.. — Béranger ! — Sur la funèbre couche
Pose son front, de calme radieux,
Large foyer du talent, que ma bouche
Presse, en tremblant, du baiser des adieux !..
Volupté triste et sainte ! Ivresse amère
Qui verse à l'âme un long et vague effroi !.

Maître chéri, vénéré comme un père,
    Ce dernier baiser est pour toi !

Mort ! — Pour toujours sont éteints ce sourire
Étincelant de grâce et de gaité,
Et ce regard où l'on aimait à lire
Les doux secrets de sa tendre bonté,
Et cette voix qui, paternelle et chère,
De l'affligé calmait le sombre émoi !...
Consolateur aux jours de la misère
    Ce dernier baiser est pour toi !

Mort ! — Et ce cœur dont la fierté stoïque,
Répudiant toutes fausses grandeurs,
Au calme abri du foyer domestique
S'illuminait de suprêmes splendeurs,
Il ne bat plus !.. Sa flamme magnanime
Remonte au Dieu dont il suivait la loi !...
Enfant du peuple et comme lui sublime,
    Ce dernier baiser est pour toi !

Mort ! — L'instrument aux puissantes pédales,
Riche d'accords qu'on ne peut oublier,

Le temps sur lui posant ses mains fatales
En a brisé le sonore clavier !..
Ses sons, pour nous chants d'ivresse et de fête,
Pour les méchants étaient un sourd beffroi !...
Echo du cœur, mélodieux poète
    Ce dernier baiser est pour toi !

Mort ! — C'en est fait, cette source est tarie
Dont le doux flot, du chaume à la cité,
En humectant le sol de la patrie
En fit jaillir ta fleur, ô Liberté !
Du ruisseau pur qui disait : Espérance !
Chaque roseau murmurait : Calme et Foi !.. —
O Béranger ! Gloire et Amour de la France,
    Ce dernier baiser est pour toi !

18 juillet 1857.

MEAUX. — IMPRIMERIE A. CARRO.